Nuestras diferencias

Culturas diferentes

por Rebecca Pettiford

Bullfrog
Books

Ideas para padres y maestros

Bullfrog Books permite a los niños practicar la lectura de texto informacional desde el nivel principiante. Repeticiones, palabras conocidas y descripciones en las imágenes ayudan a los lectores principiantes.

Antes de leer
- Hablen acerca de las fotografías. ¿Qué representan para ellos?
- Consulten juntos el glosario de fotografías. Lean las palabras y hablen de ellas.

Durante la lectura
- Hojeen el libro y observen las fotografías. Deje que el niño haga preguntas. Muestre las descripciones en las imágenes.
- Lea el libro al niño, o deje que él o ella lo lea independientemente.

Después de leer
- Anime a que el niño piense más. Pregúntele: ¿Qué prácticas o celebraciones especiales son parte de tu cultura?

Bullfrog Books are published by Jump!
5357 Penn Avenue South
Minneapolis, MN 55419
www.jumplibrary.com

Library of Congress Cataloging-in-Publication Data

Names: Pettiford, Rebecca, author.
Title: Culturas diferentes / por Rebecca Pettiford.
Other titles: Different cultures. Spanish
Description: Minneapolis, Minnesota: Jump!, Inc., 2017. | Series: Celebrando las diferencias
Includes index. | Audience: Age 5–8.
Audience: K to grade 3.
Identifiers: LCCN 2017002948 (print)
LCCN 2017007787 (ebook) | ISBN 9781620317914 (hardcover: alk. paper) | ISBN 9781620317969 (pbk.)
| ISBN 9781624966187 (ebook)
Subjects: LCSH: Culture—Juvenile literature.
Classification: LCC GN357 .P4818 2017 (print)
LCC GN357 (ebook) | DDC 306—dc23
LC record available at https://lccn.loc.gov/2017002948

Editor: Jenny Fretland VanVoorst
Book Designer: Leah Sanders
Photo Researcher: Leah Sanders
Translator: RAM Translations

Photo Credits: Dreamstime: Zhaojiankang, 3; Darkbird77, 22tl. Getty: nik wheeler, 1; Jose Luis Pelaez, 5; Tibor Bognar, 10–11; ImagesBazaar, 18–19. iStock: Catherine Lane, cover; Bartosz Hadyniak, 4; SoumenNath, 12–13; Bodhichita, 14–15; NinaHenry, 16; photosbyjim, 17; pushlama, 20–21. Shutterstock: Monkey Business Images, 8, 9, 22br; SMDSS, 13; Anjo Kan, 22tr; 2shrimpS, 22bl; Ovu0ng, 24. Thinkstock: Valueline, 6–7.

Printed in the United States of America at Corporate Graphics in North Mankato, Minnesota.

Tabla de contenido

Muchas maneras

**Todos tenemos
distintas maneras.**

Alma habla español
en casa.

¿Por qué?

Su mamá es
de México.

kufi

Es Kwanzaa.

Marc se pone
un kufi.

Su familia
enciende velas.

Aki come sushi.
Se hace con
pescado crudo.

Es parte de su cultura.

sushi

Lilo baila el hula.

Es de Hawái.

¡Wow! Ella está elegante.

Es Diwali.

Nita decora.

Utiliza arena
de colores.

Utiliza luces.

¡Mira! Una flor.

Ben es amish.

Se monta en
una calesa.

¿Por qué?

Su familia no
utiliza coches.

Ty baila en un powwow.

cascabeles

¡Escucha!

Lleva cascabeles
en sus tobillos.

Es Eid.

La familia de
Ali da regalos.

Ellos celebran
con un banquete.

¡Mmm!

Todos tenemos diferentes tradiciones.

¿Cuáles son algunas de las tuyas?

Tus tradiciones

Piensa en algunas de las distintas prácticas que se mencionaron en este libro. Mira a las imágenes y piensa en tu propia cultura mientras respondes a las siguientes preguntas.

¿Comes alguna comida especial?

¿Hay un baile especial que es parte de tu cultura?

¿Qué fiestas celebras?

¿Qué idioma habla tu familia?

Glosario con fotografías

amish
Grupo religioso cristiano que vive en EE.UU. de forma tradicional.

Eid
Eid al-Fitr, una fiesta musulmana que marca el fin del ayuno Ramadán.

cultura
Las creencias y prácticas de un grupo racial, religioso o social.

Kwanzaa
Una fiesta afro-americana que empieza el 26 de diciembre y termina el 1 de enero.

Diwali
El festival hindú de la luz que se lleva a cabo en octubre o noviembre.

powwow
Una asamblea de los indígenas de Norte América.

Índice

Para aprender más

Aprender más es tan fácil como 1, 2, 3.

1) Visite www.factsurfer.com

2) Escriba "culturasdiferentes" en la caja de búsqueda.

3) Haga clic en el botón "Surf" para obtener una lista de sitios web.

Con factsurfer.com, más información está a solo un clic de distancia.